LES 75 LOIS
DE FOX

JEFFREY J. FOX

LES 75 LOIS DE FOX

Traduit de l'américain
par Magali Guenette

Illustrations de
Dominique Lizambard

l'Archipel

Ce livre a été publié sous le titre
How To Become CEO
par Hyperion, New York, 1998.

Si vous souhaitez recevoir notre catalogue et être tenu au courant de nos publications, envoyez vos nom et adresse, en citant ce livre, aux Éditions de l'Archipel,
34, rue des Bourdonnais, 75001 Paris.
Et, pour le Canada, à Édipresse Inc.,
945, avenue Beaumont,
Montréal, Québec, H3N 1W3.

ISBN : 2-84187-274-2

à Legh F. Knowles Junior (1919-1997),
président du conseil d'administration
des caves Beaulieu Vineyard, Napa, Californie,
trompettiste dans l'orchestre de Glenn Miller,
super-vendeur, quintessence de P-DG,
mon mentor.

Pourquoi lire ce livre ?

Si vous avez acheté ce livre, c'est certainement que vous avez de l'ambition. Si un ami vous l'a offert, c'est qu'il pense que vous avez de l'ambition. L'ambition de vous perfectionner, d'agir, de faire la différence, de progresser au sein de votre profession, de réussir toujours mieux, ou encore de devenir P-DG. Et c'est une bonne chose.

P-DG signifie « président-directeur général ». Ce sigle symbolise à lui seul l'individu sur qui repose toute la responsabilité stratégique d'une société, sa

richesse et son avenir. Il se peut que vous l'appeliez madame la directrice, monsieur l'actionnaire principal, mon général, Votre Majesté, Votre Sainteté, ou simplement patron. Quel que soit le nom que vous lui donnez, il ou elle reste le chef. Si votre souhait est de devenir ce chef, vous tenez entre vos mains le livre qu'il vous faut. Que vous pensiez faire carrière dans un grand groupe ou diriger votre propre « boîte », il vous aidera à atteindre votre but.

Les facteurs qui tracent le chemin menant au sommet sont légion : habitudes de travail, hasards et coïncidences, bon *timing*, concurrence, personnalité, soutien, talent, circonstances... Cet ouvrage vous aidera à mettre toutes les chances de votre côté, en améliorant vos méthodes de travail, en valorisant votre temps disponible, en surpassant vos concurrents et en faisant le meilleur usage de vos talents propres.

Il s'agit d'un livre de conseils, fondés sur la réalité de l'entreprise et des affaires. Ces 75 suggestions tranchent dans le vif, jouent des coudes, vont droit au but, mais elles sont généralement objectives, faciles à assimiler et à mettre en œuvre. Rien à voir avec le cursus d'une école de gestion ou d'un MBA à l'américaine.

Si nombre de ces recommandations sont exprimées sous forme de règles ou de lois quelque peu péremptoires, la raison en est simple : elles ne traduisent pas ce qu'il serait bon de faire, mais, à l'évidence, ce qu'il *faut* faire, parce que cela se fait.

Enfin, bien que ces pages aient pour objectif premier de vous permettre de progresser au sein d'une société, vous observerez souvent que les instructions et commentaires rassemblés ici peuvent s'appliquer à votre vie hors entreprise et à toutes vos activités.

1

Choisissez toujours le poste le mieux rémunéré

♦

Lorsque vous aurez décidé ce que vous voulez faire, qu'il s'agisse de finances, de publicité, d'industrie ou n'importe quoi d'autre, veillez toujours à vous faire embaucher par la société qui vous propose le meilleur salaire. Si vous ne savez pas encore quelle carrière ou quel secteur vous convient le mieux, prenez de toute façon l'offre qui rapporte le plus. Si vous appartenez déjà à une entreprise, préférez toujours la mutation, la promotion ou la fonction qui paye le mieux. Faites passer la rémunération avant toute autre considération. A cette règle, plusieurs raisons.

Premièrement, vos futures rémunérations complémentaires – avantages, primes, augmentations, etc. – seront calculées sur votre salaire. 10 % d'augmentation sur 400 KF, soit 40 000 F, cela fait toujours plus que 10 % de 350 KF.

Deuxièmement, mieux on vous paye, plus vous êtes visible aux yeux de la direction.

Troisièmement, mieux on vous paye et plus on attend de vous. On vous confiera donc davantage de responsabilités, des fonctions plus importantes et aussi davantage de problèmes à résoudre. Toute opportunité de vous montrer à l'œuvre est une invitation à la réussite.

Quatrièmement, lorsque deux personnes postulent à un poste à 600 KF, que la première gagne 400 KF et la seconde 500 KF, l'heureux élu sera immanquablement le plus haut salaire. Il obtiendra le poste quel que soit son talent, sa contribution au succès de l'entreprise ou tout autre critère. En effet, les sociétés préfèrent la solution de facilité : il est toujours plus aisé de promouvoir la personne la mieux payée[1].

Enfin, en affaires, l'argent est le critère d'évaluation par excellence. Plus vous en gagnez, plus vous avancez. C'est aussi simple que ça.

---

1. Dans la plupart des entreprises, promouvoir la personne la mieux rétribuée correspond à choisir le chemin de la moindre résistance. A un moment donné, *quelqu'un* a jugé que sa rémunération était justifiée ; d'autres ont ensuite approuvé ce choix. Court-circuiter le plus haut salaire fragilise le soutien que l'on peut attendre de ses fidèles défenseurs. Or, les défenseurs de la plus grosse paye ont forcément des revenus encore plus élevés. Promouvoir le candidat le mieux rémunéré revient donc à entériner la sagesse des dirigeants.

2

Évitez le fonctionnel, soyez opérationnel

♦

Dans votre entreprise, sachez distinguer les postes opérationnels des postes fonctionnels et faites en sorte d'obtenir le meilleur. Les « opérationnels » vont sur le terrain ; ce sont eux qui font rentrer l'argent dans la caisse. Ils ont sur les bénéfices comme sur les pertes une influence directe.

Dans certaines entreprises, la différence entre « opérationnels » et « fonctionnels » (ceux qui ne sortent jamais de leur bureau) est toutefois assez floue. Rappelez-vous simplement que les opérationnels sont ceux qui agissent.

Ce sont, par exemple, les commerciaux, les directeurs des ventes, les chefs de produit, les directeurs d'usine, les directeurs du marketing, les agents de maîtrise, les contremaîtres ou encore les directeurs généraux.

Les administratifs regroupent les juristes, les contrôleurs de gestion, les informaticiens, les chercheurs des services de recherche et développement (R & D) et les gestionnaires de tout type.

Le travail des opérationnels contribue directement à la constitution et à la fidélisation de la clientèle de la société. Le travail des fonctionnels, tout en étant justifié, n'y participe que de manière indirecte. Quant aux postes qui ne permettent ni de conquérir ni de conserver les clients, ils sont une charge de trop pour l'entreprise...

Dans la majorité des entreprises, la plupart des gens sont employés soit à l'administratif, soit à la vente, sur le terrain. Cela ne signifie pas que les administratifs soient incompétents ou dénués de talent ; cela signifie qu'ils ne sont pas en première ligne. La société ne dépend pas d'eux.

N'acceptez donc une fonction administrative que si vous êtes certain qu'elle sera temporaire et vous servira de marchepied... ou si elle est mieux rémunérée.

3

N'attendez pas du DRH qu'il planifie votre carrière

♦

Aussi surprenant que cela paraisse, nombre de cadres pensent que le service du personnel (autrement dit le DRH, directeur des ressources humaines) se soucie de leur plan de carrière. Ils supposent que les entreprises nourrissent pour eux de grands projets. Certains s'imaginent même qu'ils sont en train de gravir sans s'en rendre compte je ne sais quels échelons de je ne sais quelle hiérarchie, comme dans l'armée ou la police. Dans ce

monde idéal, le jeune cadre dynamique n'aurait qu'à suivre une formation de base, l'entreprise, omnipotente, se chargeant de le promouvoir de grade en grade jusqu'au sommet de la pyramide...

Faux ! Rien n'est moins conforme à la stratégie des entreprises. Aucune ne dessine de plan de carrière pour son futur P-DG – il serait même surprenant qu'elles en prévoient un pour qui que ce soit. Votre destin et votre carrière dépendent de vous-même et de personne d'autre. A vous de savoir ce que vous voulez et de concevoir le plan qui vous guidera vers votre objectif. Et tout d'abord, commencez par déterminer les aptitudes et les compétences nécessaires pour atteindre le sommet ; il vous appartiendra ensuite d'acquérir cette expérience.

4

Constituez votre clientèle et soignez-la

♦

Les clients sont l'élément vital de toute société. Chacun devrait le savoir. Pourtant, s'ils répètent à tout bout de champ : « A votre service ! » ou : « Le client est roi », très peu d'employés ou de cadres obéissent dans les faits à ces leitmotive. Généralement, plus une société grandit, plus les cadres grimpent dans la hiérarchie, et moins ils traitent « d'homme à homme » avec les clients, existants ou potentiels.

Les dirigeants restructurent les sociétés, suppriment des niveaux hiérarchiques ou des emplois et s'excusent de cette pagaille en affirmant s'être « rapprochés du client ». C'est une aberration. Aucune barrière n'a jamais séparé qui que ce soit des clients !

Pourquoi si peu de gens travaillent-ils à « construire » et à fidéliser une clientèle ? Parce que c'est la tâche la plus difficile. Les clients envoient promener les vendeurs, ils négocient pied à pied, ils ont des exigences impossibles, ils veulent que leurs besoins soient satisfaits, et ils ne sont pas tenus à la fidélité. Les besognes administratives sont tellement plus faciles, impersonnelles et sécurisantes !

Attaquez-vous dès aujourd'hui aux clients actuels *et* futurs. Ils vous souffleront des idées pour de nouveaux produits, de nouvelles applications. Ils vous donneront l'alerte les premiers quant à la qualité ou l'utilité de vos produits. Ils fréquentent vos concurrents. Connaître vos clients, c'est connaître votre futur.

Un téléphone sonne ? Une bonne douzaine de personnes devraient plonger sur le combiné pour répondre.

Les clients sont rois, certes, mais le futur P-DG doit aussi savoir qu'ils « font » les rois – c'est-à-dire vous – comme ils peuvent les défaire...

5

Gardez la forme

♦

Votre cerveau vous rapporte de l'argent ! Sans doute, mais n'oubliez pas que c'est votre corps qui le soutient. Mieux vous vous sentirez dans votre peau, et plus vous serez capable de produire des efforts continus dans le travail.

Être en pleine forme, c'est ajouter un atout à votre jeu. 90 % des hommes qui grimpent les échelons de l'entreprise ne sont pas en bonne condition physique. Contrairement à eux, vous pourrez commencer plus tôt, faire moins de pauses et terminer la journée par un sprint.

Vous dormirez également mieux. Vous vous sentirez

revigoré et vous vous fatiguerez moins. Votre moral sera au beau fixe et vous ignorerez les moments de déprime.

Le week-end ou le soir, vous aurez encore l'énergie et la motivation indispensables pour entraîner une équipe de foot, aller au théâtre ou faire du bénévolat.

A vous de voir comment vous y prendre pour garder la forme.

6

Persistez dans une occupation austère et solitaire

♦

Pratiquez régulièrement une activité spartiate et individuelle. Entreprenez quelque chose que peu de gens auraient le courage de faire. Vous renforcerez ainsi votre volonté, vous aurez le sentiment d'appartenir à une élite. Cela vous préparera mentalement à la guerre des affaires.

Qu'est-ce qu'une activité spartiate et individuelle ? Ce peut être, par exemple, suivre une formation pour obtenir un diplôme de designer, surtout les soirs d'hiver, lorsque tout le monde reste bien au chaud, ou s'entraîner au marathon tôt le matin, plutôt que de suivre le troupeau paisible des joggers entre midi et deux.

Fendez du bois, écrivez, jardinez, relisez tout Corneille et La Bruyère, mais faites-le par vous-même. Relevez ces défis en solitaire.

Tous les grands athlètes ont en mémoire leurs interminables heures d'entraînement, apparemment inutiles. Il en va de même pour les P-DG.

7

Bannissez l'aigreur de vos notes de service

♦

N'écrivez pas de notes de service qui rabaissent, dénigrent ou blessent l'un de vos collègues, de quelque manière que ce soit. Ne laissez jamais transparaître cynisme, condescendance, méchanceté ou mauvaise humeur. Sous aucun prétexte n'envoyez de communiqué écrit sous le feu de la colère ou l'emprise de la frustration.

Le monde des affaires est petit. Où que ce soit dans le monde, les gens obtiennent des promotions, changent de société ou de travail, ont des amis influents. Les entreprises fusionnent, en rachètent d'autres, se font racheter. Or, vous n'êtes peut-être qu'à l'aube des quarante-cinq années que pourrait durer votre carrière. L'ennemi que vous vous êtes forgé un jour pourrait resurgir un beau matin... plus puissant.

Inutile, donc, de tendre aujourd'hui à votre rival le bâton pour vous faire battre demain. Mieux vaut dépenser votre énergie à des initiatives plus positives.

8

Accordez-vous une heure de réflexion par jour

♦

Chaque jour, au calme, consacrez une bonne heure à planifier, rêver, organiser, penser, calculer. Passez en revue vos objectifs. Envisagez diverses options. Soupesez les problèmes. Notez vos idées. Répétez mentalement vos appels commerciaux ou vos présentations. Réfléchissez à la façon de faire avancer certains projets. Faites des provisions de confiance.

Astreignez-vous à cette discipline quotidienne, à heure régulière, assis à un bureau ou à une table de travail, et non pendant votre douche, votre jogging ou vos trajets, ou devant votre miroir lorsque vous vous rasez. Ne prenez pas non plus ce temps de réflexion sur vos heures de bureau : vous seriez fatalement dérangé.

Notez systématiquement vos réflexions dans votre « carnet à idées » ou sur votre *organizer*.

9

Tenez un carnet à idées et faites-en bon usage

♦

Achetez un carnet – ou un *organizer* à écran tactile – qui vous plaise et conservez-le toujours au même endroit : un tiroir de bureau ou une pochette de votre serviette. Inscrivez-y vos idées, réflexions, plans et objectifs, ainsi que vos rêves.

Utilisez ensuite ce carnet au moment de dresser les listes d'« actions » à mener chaque jour, chaque semaine, chaque mois, chaque année. Toutes les bonnes idées attendent leur heure pour se réaliser. Lorsque cette heure se présente, transformez l'idée en action en commençant par la reporter sur votre liste d'« actions ».

10

Pas de petits verres avec la bande

♦

Évitez de sortir boire un coup avec toute la « clique » après le boulot : vous perdriez du temps et de l'argent. Préférez trinquer avec votre famille ou vos amis.

Même si cela semble contraire aux bonnes habitudes, n'arrosez jamais votre déjeuner. Mieux : mangez un sandwich et allez disputer un squash, ou bien restez travailler.

Si vous êtes en déplacement pour une réunion commerciale, un séminaire, une rencontre entre directeurs, abstenez-vous d'assister au cocktail qui précède le dîner. Allez plutôt courir ou nager, allez au sauna, prenez une douche, puis habillez-vous pour le dîner.

Ne vous risquez jamais à paraître même légèrement éméché devant un collaborateur de votre entreprise. C'est un aveu de faiblesse, le signe que vous ne savez pas garder votre self-control.

11

Pas de tabac

♦

Vous fumez ? Rien ne va plus ! Vous risquez de contrarier un non-fumeur qui pourrait soit soutenir, soit démolir votre carrière. Même les fumeurs détestent la fumée, les cendres, les mégots, les cendriers non vidés et la fumée des autres. C'est dire !

Les arguments bien connus et largement diffusés par les campagnes antitabac n'ont pas d'effet sur vous ? La raison d'entreprise vous incitera à renoncer à la cigarette.

En tout premier lieu, fumer est une perte de temps et relève d'une complaisance égocentrique. Pour avancer dans les affaires, il faut penser aux autres, aller au-devant de leurs besoins et de leurs désirs, et non imposer les vôtres. La fumée fait écran entre vous et eux.

Les fumeurs sont des individus dépendants, donc manipulables – du moins, ils semblent l'être. Or, dans les affaires, les gagnants et les gros bonnets aiment avoir prise sur tout. C'est connu.

Si vous aimez le cigare, mieux vaut pour vous le fumer seul ou entouré d'amis. Tirer sur un précieux havane au voisinage immédiat d'un de vos supérieurs serait une grave erreur. Ce dernier vous jugerait prétentieux et arriviste ; il trouverait que vous avez – ou que vous dépensez – trop d'argent. Par ailleurs, si votre patron vous en offre un pour fêter un événement, ne l'allumez pas immédiatement : vous ne méritez probablement pas encore de savourer le cigare de la victoire !

12

Pas de pots d'entreprise

♦

Ne participez jamais aux « pots » et soirées d'entreprise. Vous ne perdrez rien à ne pas vous y rendre. Rien à voir avec une réunion amicale : ce ne sont que des leurres. Les affaires sont les affaires ! Sauf si le mot d'ordre tacite est « participation obligatoire sous peine d'être mal vu », n'y allez pas. Inutile cependant de vexer les autres en critiquant l'idée ou en annonçant publiquement votre refus. Contentez-vous d'être absent. Et tâchez de trouver une bonne excuse.

Ne prenez jamais part aux pique-niques organisés par votre société si vous ne pouvez pas y amener votre conjoint(e). Pratiqués « en célibataire », ils se transforment en guêpiers ; vous courez en effet le risque que l'on vous mette dans le même sac que certains.

Si vous ne pouvez vraiment pas y couper, allez-y de bonne grâce, mais surtout ne buvez pas d'alcool. Restez tout au plus trois quarts d'heure, remerciez votre supérieur de vous avoir invité, et partez. Si l'on vous demande où vous fuyez, répondez que vous avez un rendez-vous avec votre femme (ou votre mari), vos parents, votre fiancé(e), votre médecin, votre professeur de musique ou votre entraîneur.

Dans les soirées, les pots ou les pique-niques, vous êtes censé vous amuser entre amis. Fiez-vous donc au vieil adage : ne mélangez pas les affaires et l'amitié.

13

Vendredi, jour du déjeuner amical

♦

Chaque vendredi, déjeunez avec quelqu'un dont vous ne pouvez vous passer et demandez-lui comment il va. Généralement, ces personnes-là n'appartiennent pas à votre service, mais sont une pièce maîtresse au sein des rouages de l'entreprise. Ce sont elles qui font avancer le business. Si vous êtes dans un service commercial, il s'agira probablement de l'adjoint au directeur commercial, du responsable qui fixe les quotas de vente ou de celui qui établit les tarifs. Si vous appartenez au service marketing, choisissez quelqu'un de la production, du service R & D ou d'ailleurs. Où que vous travailliez, il y a toujours, quelque part, quelqu'un à inviter.

Si vous ignorez encore qui vous est indispensable, cherchez mieux ! Les affaires sont comme une belle mécanique : tous les engrenages doivent fonctionner, chaque pièce doit être bien huilée. Trouvez le collaborateur dont vous avez réellement besoin, quelle que soit sa position dans la société, même subalterne, et faites-lui savoir que vous êtes conscient de son importance et que vous l'estimez.

Faites-vous un allié par mois au sein de votre entreprise.

14

Transformez les subalternes de vos homologues en alliés

♦

Sur la route de votre prochain objectif, vos premiers rivaux sont vos pairs. Obtenir le soutien de leurs équipiers est donc primordial. Cela vous aidera à progresser, même si l'un de vos homologues tente délibérément de vous mettre des bâtons dans les roues. S'il dit du bien de vous, ses subalternes se sentiront flattés, parce qu'ils pensent de même. Mais s'il dit du mal, ses subalternes s'en méfieront ou l'estimeront moins, car c'est vous qu'ils apprécient.

15

Appelez les gens par leur prénom

♦

Rien n'est plus agréable que de savoir que l'on se rappelle notre prénom et que l'on prononce correctement notre patronyme. Apprenez ceux de chaque personne au sein de votre entreprise, en leur associant une particularité de leur personnalité. Tenez-vous au courant de ce que font vos collaborateurs et des caractéristiques de leurs fonctions. Si vous faites cet effort en toute sincérité, et si chacun peut le remarquer, vous êtes sur la bonne voie.

A titre d'exercice, emmenez un visiteur (client, candidat à l'embauche, ami) visiter les bureaux ou l'usine. Présentez-lui vos collaborateurs et employés en précisant ce qu'ils font d'essentiel pour l'entreprise.

Vos collègues de travail apprécieront cette reconnaissance. Ils seront flattés que vous fassiez l'effort de vous intéresser à ce qu'ils font et que vous accordiez de la valeur à ce qu'ils sont.

16

Organisez vos tournées de remerciements

♦

De temps à autre, proposez à la personne la plus élevée hiérarchiquement que vous puissiez inviter de faire un tour dans votre service.

Dans cette perspective, rédigez à son intention des petits bristols – un par collaborateur – sur lesquels vous aurez noté, en une ou deux lignes maximum, les meilleures réalisations de chacun, pour l'entreprise comme dans le privé.

Grâce à ces fiches, votre supérieur saura remercier chacun personnellement et à bon escient.

Tout le monde gagne à ce genre de tournées. L'invité s'informera et appréciera le feed-back naturellement positif des employés. Ces marques de reconnaissance plairont à vos collaborateurs ; savoir qu'on les apprécie en haut lieu les motivera. Quant à votre image, elle en sortira grandie. L'ensemble des qualités de vos coéquipiers sera considéré comme votre œuvre.

Inutile, en revanche, de vous vanter dans les couloirs que vous organisez de telles visites.

17

Un dernier coup de fil

♦

Cent fois sur le métier remettez votre ouvrage. S'entraîner un peu plus que ses équipiers ou concurrents, voilà ce qui fait les champions. Tester des milliers de fois un produit afin qu'il soit vraiment au point, voilà ce qui signe une réussite commerciale.

La petite avance qui sépare le n° 1 des autres est infime : un dernier coup de fil passé par un commercial avant de rentrer chez lui, un croquis de plus crayonné par un publicitaire imaginatif, un ultime sondage d'opinion réalisé par un enquêteur scrupuleux, le petit clou qu'un menuisier consciencieux ajoute par acquit de conscience... Tels sont les détails qui font la différence.

18

Arrivez trois quarts d'heure avant, partez un quart d'heure après

♦

Si vous voulez devenir n° 1 de votre société, commencez par arriver le premier au travail. Ceux qui sont en retard dès le matin n'aiment pas leur métier... du moins, c'est ce que pensent les dirigeants. Il ne viendrait à l'idée de personne d'arriver à l'opéra avec douze minutes de retard. Être en avance vous donne un atout psychologique sur les autres.

Inutile cependant de rester au bureau jusqu'à 22 heures chaque jour ! Cela signifierait que vous vous laissez déborder, que vous n'arrivez pas à organiser votre temps ou que vous négligez votre vie privée. Partez un quart d'heure après l'heure fixée. Pendant ces quinze minutes, planifiez la journée du lendemain et rangez votre bureau. Vous quitterez de toute façon l'entreprise après 95 % des salariés et votre réputation de travailleur acharné sera ainsi préservée.

Votre carrière vous réserve déjà suffisamment de situations qui vous obligeront à rentrer tard chez vous (horaires d'avion, réunions commerciales, clôtures annuelles). Apprenez donc à accorder plus de temps à votre famille.

Quarante-cinq minutes le matin plus quinze minutes le soir, cela fait une heure par jour, soit près de deux cent quarante heures par an, soit trente jours de travail supplémentaire. Nul doute que vous progresserez rapidement en travaillant un mois de plus chaque année !

19

Ne rapportez pas de travail à la maison

♦

Ne consacrez les heures que vous passez chez vous qu'à vous et à votre famille. Étudiez, planifiez, explorez de nouveaux centres d'intérêt, apprenez à votre fils le dribble et le passing-shot. Si vous emportez sans cesse du travail à la maison, c'est le signe que : a) vous ne savez pas gérer votre temps ; b) vous devenez franchement assommant ; c) vous gaspillez vos heures de repos ; d) vous cumulez probablement tous ces défauts.

Une femme cadre travaillant dans la publicité, fort occupée et compétente, avait pris l'habitude de rédiger ses rapports chez elle. A force de la voir faire tous ses devoirs le soir, sa fille, qui était alors à l'école primaire, lui dit un jour : « Maman, peut-être qu'ils t'ont mise dans une classe trop difficile ? »

Il semble que, pour beaucoup de cadres, rapporter du travail chez soi soit un impératif de rigueur. Pourtant, si ce n'est lire quelques notes de service sans importance et examiner des tableaux récapitulatifs (plus connus sous l'appellation de « rapports mensuels »), que fait-on vraiment à la maison ?

N'emportez pas de dossiers le soir. Votre supérieur vous donnera plus de projets à gérer, donc davantage de responsabilités. Ce qui est toujours bon à prendre.

20

Faites-vous recommander

♦

Toute société est dirigée à son sommet par une sorte de club, un cercle d'intimes, qui forment comme une petite famille. Ce sont les membres de ce groupe qui désignent le P-DG et décident de sa « durée de vie ».

Votre objectif est d'être admis dans ce cercle. Inutile d'essayer de gagner votre siège en récompense des efforts que vous déployez pour la société. Dans ce domaine, vous ne pouvez pas compter sur votre seul talent. Vous devez pouvoir présenter les mêmes références que les membres en place afin d'être considéré comme l'un des leurs.

Ces références et caractéristiques varient selon les sociétés. Dans l'une, tous les grands chefs seront passés par le service commercial. Dans l'autre, ils auront travaillé pour l'une des divisions les plus en vue. Ailleurs, ils seront de la même confession religieuse ou sortiront de la même grande école (qu'il s'agisse de l'X ou de HEC). Enfin, dans certains cas, tous appartiendront à la famille du fondateur...

Prenez vos renseignements sur chacun des membres du « club des chefs ». Pourquoi sont-ils parvenus au sommet ? Déterminez leurs signes distinctifs. Obtenez les recommandations nécessaires. Si cela vous est impossible, évaluez vos chances d'acceptation en tant qu'outsider (souvent, elles sont bonnes).

Si vous pressentez que vous ne réunirez jamais les atouts indispensables, trouvez un emploi dans une société où vous pourrez les présenter.

Si les directeurs de la banque où vous travaillez ont tous été responsables d'organismes de crédit, assurez-vous que vous consacrez une part de votre carrière à gérer des dossiers de prêt.

Si le cortège des dirigeants se compose d'ingénieurs sortis des grandes écoles, mieux vaut avoir en poche un diplôme desdites écoles.

Si, en revanche, vos chefs étaient à l'origine vendeurs, entreprenez dès aujourd'hui la tournée des clients.

Il est, bien entendu, possible de devenir P-DG sans avoir au préalable été convié dans le cercle des décideurs, mais dans ce cas, vous ne resteriez pas longtemps à la tête de l'entreprise.

Vous seriez remercié après quatre ou cinq ans par un directeur influent, par un grand actionnaire ou par la caste des responsables siégeant au conseil d'administration.

21

Évitez de voyager avec vos supérieurs

♦

La plupart de ceux qui se battent pour gravir les échelons de la hiérarchie jubilent à la perspective de voyager avec de hauts dirigeants de l'entreprise. Ils s'imaginent qu'entretenir un président, un directeur général ou qui que ce soit de haut placé de leurs derniers exploits constitue un bon moyen d'escalader la pyramide. C'est un leurre ! Les bons dirigeants jugent sur les faits, pas sur l'art de converser. Ils sont aussi très occupés. A moins que vous ne travailliez sur un de leurs projets, ils n'auront, après dix minutes passées en votre compagnie, qu'une seule envie : consacrer leur temps à n'importe quoi, sauf à vous.

Profitez de vos déplacements pour travailler. Les heures d'avion sont des heures de bureau, aussi apprenez à voler de vos propres ailes. Si vous voyagez avec un important directeur et que vous travaillez durant tout le trajet (comme vous devez le faire), il pensera que vous faites cela pour lui. S'il prend le temps de somnoler, de lire un magazine ou s'il n'est pas dans son assiette, votre zèle le mettra mal à l'aise. Si vous êtes vraiment obligé de prendre le même vol, installez-vous plutôt à distance.

A l'hôtel aussi, vous êtes au bureau. Si vous logez à la même enseigne qu'un de vos supérieurs, il se sentira peut-être obligé de vous inviter à dîner. S'il ne le fait pas, vous serez vexé. Dans un cas comme dans l'autre, vous gaspillerez un précieux temps de travail.

22

Dînez dans votre chambre d'hôtel

♦

Lorsque vous voyagez seul, vous passez la journée à vous occuper de vos clients ou d'autres affaires. Le soir, vous êtes donc libre, à moins que vous ne soyez obligé d'assister à un dîner d'affaires, auquel cas vous veillerez à ne parler que business, en vous efforçant d'atteindre l'objectif que vous vous serez fixé. Si vous n'avez aucune obligation de ce type, consacrez vos soirées solitaires, loin de votre famille et de vos collègues, à travailler. Dînez dans votre chambre. Finissez vos rapports, lisez des comptes rendus de réunions, rédigez des notes de service, consultez vos e-mails, remplissez des formulaires de notes de frais.

Dîner dans sa chambre permet d'économiser du temps et de rallonger ses journées. Cela forge le caractère. C'est aussi une façon d'agrandir son bureau. Étalez vos papiers, zappez sur un match de foot ou une série télé, faites-vous monter un verre de champagne ou de sauternes grand cru et bouclez les dossiers en cours.

Prenez également votre petit déjeuner dans votre chambre en veillant à la ponctualité du service. Levez-vous tôt, faites un peu d'exercice, habillez-vous et commencez à travailler. Ne perdez pas de temps dans la salle de restaurant, à attendre que l'on vous serve café et croissants, en tâchant d'éviter le regard d'une cinquantaine d'hommes d'affaires seuls et désœuvrés. Inutile de lire la presse locale. Si vous êtes à l'étranger et que le décalage horaire le permet, appelez chez vous. Organisez votre journée, fixez vos objectifs, tapez vos e-mails et prenez de l'avance dans votre travail.

Si vous avez un petit déjeuner d'affaires (ils sont souvent fructueux), gardez vos objectifs en tête, établissez votre ordre du jour et activez-vous dès l'aube pour atteindre votre but.

23

Dans le TGV comme en avion, travaillez

♦

Rien de plus fatigant que l'avion et le train. Il y a du monde, on fait la queue, on est interrompu, pressé. Seul avantage de l'avion : on peut difficilement vous y déranger sur votre portable. Planifiez vos tâches en fonction de la durée de votre trajet. N'emportez que du travail facile à effectuer dans un espace réduit. Glissez dans votre attaché-case une petite agrafeuse, de grandes enveloppes pré-timbrées pour les papiers à renvoyer au bureau, des enveloppes standard et des timbres d'avance pour les mémos à expédier de-ci, de-là. A chaque parcours son objectif.

24

Tenez un fichier « relations »

♦

Achetez un grand carnet d'adresses ou créez-en un sur votre ordinateur. Dès votre premier jour d'activité, commencez à y consigner toutes les personnes que vous rencontrez ou avec lesquelles vous travaillez... et apprenez à les connaître. Notez chaque fois leurs responsabilités : responsable du recrutement, chef de produit, sous-traitant imprimeur, journaliste indépendant... Écrivez au crayon à mine : les gens changent constamment de coordonnées et de poste.

Tous les six mois, envoyez un mot à ceux que vous voyez rarement (anciens camarades d'études, ex-collègues, etc.). Demandez toujours leur carte aux personnes que vous rencontrez pour la première fois ; cela les encouragera à vous demander la vôtre. Ainsi, vous serez certain de figurer dans leur fichier. Conservez une copie de ce carnet en lieu sûr. N'en changez pas de toute votre carrière.

Quelle plus simple façon de lier connaissance avec les autres ? Ne l'oubliez pas. Il y en a d'autres, mais une chose est certaine : investissez dans vos relations (voir loi n° 38).

25

Envoyez des courriers manuscrits

♦

Wap, *organizers*, e-mails, fax, mailings électroniques, répondeurs numériques, ordinateurs « intelligents », logiciels de reconnaissance vocale, codes confidentiels, guichets et portes automatiques... Nous vivons à l'ère de la communication impersonnelle. Même les cartes de vœux sont virtuelles, et personne ne confectionne plus de cadeaux pour la Saint-Valentin.

Conclusion : les courriers manuscrits sont l'exception et ne s'en distinguent que mieux. Dans le monde du tout numérique, ils sont autant de rappels au monde réel. Ils vous démarqueront et feront de vous une personne de cœur et d'esprit, respectueuse, donc respectable. Un petit mot écrit à la main est un acte personnel qui semble tout droit sorti du bon vieux temps. C'est le comble du charme et de l'élégance.

Les occasions d'écrire ne manquent d'ailleurs pas : remerciements, compliments, félicitations, regrets, informations essentielles, petits détails bons à savoir, « votre présentation de projet était excellente », « votre poularde truffée était digne d'éloges », etc.

Dans une papeterie de luxe ou chez un imprimeur, commandez une boîte de belles cartes de correspondance avec enveloppes assorties. Faites imprimer élégamment vos coordonnées sur les cartes et les enveloppes. Conservez la boîte dans un tiroir de votre bureau et ayez toujours quelques exemplaires glissés dans votre serviette.

Pour commencer, envoyez un mot manuscrit par semaine.

26

Pas de copinage avec vos supérieurs

♦

Vous et vos supérieurs n'êtes pas amis : vous êtes associés dans une même entreprise. La limite doit être clairement tracée. Ne la franchissez pas et ne laissez pas vos supérieurs la franchir. Beaucoup croient malin de devenir les intimes de leurs dirigeants et se dépensent sans compter pour y parvenir : rencontres « à l'improviste », invitations surprenantes aux mêmes soirées, inscription dans les mêmes clubs, etc. De telles « coïncidences » ne constituent pas une base saine pour la réussite d'une carrière ; elles ne sont pas discrètes et ne sont qu'un piètre ersatz du talent.

Apprenez à connaître votre supérieur et ses supérieurs, à comprendre leurs problèmes, leurs projets, leurs personnalités, leurs particularités, leurs faiblesses, leurs forces et tout le reste. Soyez toujours prêt à les aider, dans leur vie professionnelle comme dans leur vie privée. Mais ne mordez pas sur la ligne. Vous deviendrez amis plus tard, lorsque vous ne serez plus dans la même société.

Le même raisonnement vaut, bien sûr, pour vos subordonnés.

27

Ne faites pas l'autruche

♦

Les problèmes remontent toujours à la surface. Dissimulés, même involontairement, ils produisent des effets encore plus négatifs. Jouez l'autruche et vous y laisserez forcément des plumes, quel que soit votre niveau d'implication. Les fins limiers qui lèveront le lièvre, eux, seront toujours à l'abri, quel que soit leur degré de complicité. Si vous détectez un problème, une gaffe, une perturbation à l'horizon, et que le « hic » est de taille, avertissez-en vos collègues et vos supérieurs sur-le-champ. Plus vous attendrez, plus la difficulté croîtra.

Un petit problème peut se transformer en une magnifique occasion de briller. Cernez-le précisément et expliquez-le. Évaluez ses conséquences éventuelles, décrivez les scénarios possibles, suggérez des solutions. Demandez de l'aide ; c'est important. Il est tout aussi important de marquer votre position :

vous êtes un témoin, un témoin indépendant, qui maîtrise la situation. Exposez le problème et traitez-le comme si vous n'étiez pas impliqué. Débrouillez l'affaire.

Le Watergate, les trafics d'influence, les faillites surprises : conséquences typiques de la politique de l'autruche. Mal gérées, ces situations ont des effets désastreux. Alimentées par la panique et le mensonge, elles enflent comme des ballons de baudruche jusqu'à exploser. Les autruches sont alors obligées de sortir la tête du sable...

Vous rappelez-vous la réponse de John F. Kennedy aux journalistes qui le questionnaient après l'« incident » de la baie des Cochons ? « C'est ma faute, nous avons commis une erreur. Des questions ? » Il s'en est finalement sorti sans trop de dommages, voire avec les honneurs.

28

Soyez visible

♦

Faites votre propre publicité en travaillant sur des projets en vue ou, mieux, sur les projets chouchous des dirigeants. Demandez quels sont les problèmes importants. Réfléchissez-y et travaillez à les résoudre. Testez vos solutions. Mettez vos propositions par écrit, classez vos idées.

Inutile de vanter vos compétences. Faites-en la démonstration en agissant, encore et toujours. Les paroles s'envolent, seuls les actes restent. Être imaginatif sans être actif, c'est être naïf. Les bonnes idées ne valent que si elles sont mises en œuvre.

Dans une entreprise, rares sont ceux qui passent à l'acte, mais ceux-là n'en sont que plus visibles. On pensera finalement qu'ils en font plus que les autres.

Présentation à la direction, formation de groupe, conférence aux forces de vente... Les occasions de briller sont nombreuses ; choisissez simplement les meilleures. Repérez-les et travaillez dur pour que vos exposés soient excellents.

29

Prenez toujours vos vacances

♦

Le cadre qui se vante de ne jamais prendre de vacances est soit un fou, soit un mauvais manager. Organiser votre service, votre travail ou vos responsabilités pour que tout puisse tourner en votre absence est une nécessité absolue. Sinon, comment feriez-vous pour effectuer la tournée des clients ?

Votre carrière vous donne de bonnes raisons de partir en congé. Si vous allez là où il faut, vous multiplierez vos chances de rencontrer des personnes influentes ou utiles. Ce sera l'occasion d'observer de nouvelles modes, d'autres tendances, d'autres façons de vivre, de faire des affaires, bref, d'élargir vos horizons, d'écrire un livre, de faire de la photographie ou d'essayer la fameuse recette toscane du risotto.

Les vacances sont un moment de réflexion et de planification. Autre point qui a son importance : des vacances programmées vous obligent à travailler vraiment dur pour boucler le travail en cours… avant de boucler la valise.

Prévoyez donc vos congés bien avant l'heure. Fixez vos dates de vacances d'hiver un an à l'avance et faites-le savoir à vos supérieurs sans qu'ils vous le demandent. N'annulez jamais. Ne laissez jamais de numéro de téléphone. Choisissez des destinations originales et variées. Mais surtout, partez.

30

Soyez toujours prêt à rendre service

♦

Tous les ouvrages de management vous diront le contraire ; ils vous affirmeront que répondre « oui » vous fait perdre le contrôle de votre emploi du temps.

Cependant, si c'est un gros bonnet qui vous demande un service, répondez-lui toujours que vous devriez « pouvoir faire ça ». Même s'il s'agit d'arroser les plantes, faites-le.

Écoutez bien ce que votre supérieur vous demande. Il est peut-être en train de vous suggérer une mauvaise solution à un vrai problème. Quoi qu'il en soit, une seule chose lui importe : résoudre ce dernier.

Évaluez la solution proposée. Voyez si elle correspond au problème. Si tel n'est pas le cas, trouvez-en une autre et faites le vrai boulot.

Quelle que soit la demande, donnez toujours plus, plus tôt que prévu et ajoutez une petite touche d'innovation personnelle.

Ceux qui font le vrai travail sont ceux qui décrochent les meilleurs jobs.

31

Pas de surprises pour votre patron

♦

Les hauts responsables n'aiment pas les surprises. Le monde des affaires, leurs supérieurs, leurs rivaux ou leurs subordonnés leur en apportent déjà un lot quotidien ; ils n'ont pas besoin des vôtres, qu'elles soient bonnes ou mauvaises. Ce qu'ils veulent, c'est être informés. Pouvoir répondre aux questions de leurs propres supérieurs sur l'état d'avancement des projets, l'évolution de la dernière crise, etc. Vous devez donner à votre supérieur l'impression qu'il maîtrise tout, qu'il est au-dessus de la mêlée. Le maintenir dans l'ignorance serait de la dernière impolitesse, vis-à-vis de lui comme de l'entreprise.

Si vous lui faites des surprises, il commencera par douter de la confiance qu'il place en vous. Or, vous avez besoin de cette confiance. Qu'il soit compétent ou non, votre chef est votre chef. Il est généralement la personne qui a le plus d'influence sur le début de votre carrière.

Souvent, il en sait plus que vous sur certains secrets de la société qui ne vous regardent pas. Lorsqu'une surprise, même bien intentionnée, coïncide avec des événements indésirables, elle peut devenir explosive.

Mettez-vous à la place de votre chef. Pas d'imprévus.

32

Faites briller votre chef et le chef de votre chef

♦

Généralement, on n'obtient une vraie promotion que si une place se libère au sommet de la pyramide. La meilleure carte à jouer pour réussir est donc celle de votre supérieur immédiat : il ne pourra être promu que si quelqu'un peut le remplacer. Le mettre en valeur améliore ses chances d'avancement et, puisque vous l'aurez aidé à faire bonne impression, il souhaitera certainement que vous restiez dans son équipe. Vous aurez donc une chance d'être également promu.

D'autre part, votre supérieur ne peut pas vous accorder de promotion sans l'accord de ses directeurs. Si vous mettez en valeur le chef de votre chef, l'équation de votre promotion sera tout entière résolue. C'est lui qui détient la solution. Il est souvent plus intéressé par votre carrière que votre supérieur direct et il a plus d'influence, surtout si votre « boss » ne sait pas où il va.

Pour que tous deux fassent bonne impression, vous devez anticiper leurs besoins, leurs problèmes, et faire des extras pour trouver les réponses adéquates. Tenez-les toujours au courant. Terminez toujours avant le délai fixé. Faites-en toujours un peu plus. Regardez leur travail comme si vous étiez à leur place. Aidez-les à établir les projets et faites des propositions comme si vous étiez eux. Ne les laissez pas commettre d'erreurs.

33

Ne laissez jamais votre supérieur commettre une erreur

♦

Tout le mal que l'on vous souhaite pour favoriser votre ascension, c'est de travailler un jour pour un bon dirigeant. Il vous formera à prendre sa place et, lorsqu'il sera enfin promu, vous pourrez, vous aussi, avancer.

Ne laissez donc pas votre supérieur, aussi compétent soit-il, commettre une erreur susceptible d'obérer ses chances d'avancement, car cela se répercuterait automatiquement sur les vôtres. Si vous le pouvez, empêchez-le de compromettre ou de freiner la prospérité de l'entreprise, car plus celle-ci se développera, plus elle vous fournira de sources de récompense.

Si votre directeur a besoin de plus de données pour prendre une décision, mâchez-lui le travail. S'il est mal préparé à une réunion, un petit briefing malin avant d'entrer dans la salle ne lui fera pas de mal. Si ses présentations sont un peu faibles, regonflez-les.

En revanche, n'attribuez jamais une erreur potentielle à votre supérieur. Ne dites pas : « *Vous* vous trompez », ni : « Il y a une erreur dans *votre* budget. » Contournez la difficulté : « J'ai l'impression qu'il y a un problème dans *ce* budget. *Les* coûts me semblent sous-évalués. Si *on* prenait 75 francs de taux horaire au lieu de 60, ce serait probablement plus réaliste. »

Corollaire : prévenez tous ceux qui collaborent avec vous (à l'intérieur et à l'extérieur de la société) qu'ils doivent vous empêcher de commettre des erreurs. Faites en sorte que votre responsable sache que vous vous êtes fixé cette règle.

34

Rendez-vous à la bibliothèque une fois par mois

♦

Un jour par mois, ou toutes les trois semaines, délaissez le bureau et partez travailler dans une bibliothèque peu fréquentée. Réservez-vous une grande table de travail et organisez votre liste d'« actions à faire ».

Liquidez les petits détails. Débarrassez-vous de la paperasserie[1]. Morcelez vos grands projets en petites bouchées plus faciles à digérer. Veillez à ce que votre fichier de relations soit bien à jour. Organisez votre carnet à idées. Rédigez vos notes de suivi, les courriers clients, les lettres de remerciements, etc.

Une journée complète dans une bibliothèque, au calme, vous permettra d'abattre dix fois plus de travail que vous ne pourriez le faire au bureau. Accomplir tant de choses vous enhardira et vous donnera le sentiment d'avoir

1. Toutes ces petites tâches ingrates – formulaires, frais, rapports – qui causent tant de problèmes si on les néglige.

pris de l'avance, de maîtriser la situation. Cela vous motivera pour travailler encore plus dur à vos tâches quotidiennes.

35

Changez de vie chaque année

♦

Pour prétendre devenir P-DG, il vous faut de la carrure, de la culture, un esprit ouvert sur de vastes horizons. Vous devez pouvoir envisager d'*autres* solutions à vos problèmes, en y jetant un *autre* regard, en fonction d'*autres* modes de pensée. Vous pouvez regarder le monde des affaires en musicien, en naturaliste ou en ethnologue. Seule compte l'originalité de votre point de vue. Veillez simplement à ne pas disperser votre énergie et à rester discipliné.

Chaque année, dans la perspective de vous préparer à la présidence de votre groupe, enrichissez votre vie d'une nouvelle facette, importante et durable. Apprenez une langue étrangère, la cuisine chinoise ou la photographie. Écrivez une biographie, cultivez des orchidées, élevez des canaris. Entraînez-vous à jouer « Maple Leaf Rag » au piano.

Dressez la liste de ce que vous voudriez réaliser dans les dix ans à venir. N'omettez rien de ce que vous souhaitez faire. Si vous vous trouvez trop vieux pour apprendre à jouer au tennis, vous avouez en quelque sorte que vous n'êtes plus capable de développer, d'agrandir et de gérer une société. Si vous n'avez pas le temps de monter au filet, comment en trouverez-vous pour gérer un poste plus lourd, avec deux fois plus de responsabilités ?

Prouvez que vous êtes capable d'évoluer et de grandir.

36

Lisez, étudiez

♦

Lisez et étudiez les livres suivants (liste non exhaustive).

La Bible.

L'Art de la guerre, de Sun Zi.

Le Traité des cinq roues, de Miyamoto Musashi.

De la guerre, de Carl von Clausewitz.

Le Prince, de Machiavel.

Le Larousse ou le Robert.

Un bon dictionnaire des citations.

Les œuvres complètes de Shakespeare, Balzac, Zola, Kipling, Saint-Exupéry.

La Publicité selon Ogilvy, de David Ogilvy.

Le soleil se lève aussi, d'Ernest Hemingway.

Les Aventures d'Huckleberry Finn, de Mark Twain.

Etc.

37

Bonne présentation exigée

♦

Un directeur de grande école bien avisé s'opposait en ces mots à un jeune représentant des étudiants qui voulait changer les usages vestimentaires pour le bal de fin d'année : « Enfilez un short, et vous jouez au foot. Enfilez vos habits de soirée, et vous êtes prêt à danser. » Cette leçon vaut aussi dans la vie professionnelle. Enfilez un costume, vous faites déjà des affaires !

Dans certains sites, secteurs ou groupes, les habitudes vestimentaires reflètent une culture différente. Ce n'est pas un problème. Mettez-vous simplement au diapason de chaque culture. Aux Bahamas ou sur la Côte d'Azur, les affaires se traitent très bien en bras de chemise. Sur le terrain, les cadres doivent parfois être casqués et bottés. Les directeurs d'usine portent des lunettes de sécurité ou une blouse de travail. On comprend facilement ces exceptions.

Entraînez-vous à avoir l'allure présidentielle en permanence et adaptez votre tenue de travail. Inutile de dépenser des sommes folles pour vous habiller sur mesure ou ressembler à une gravure de mode. Achetez un livre sur la tenue vestimentaire optimale en entreprise (le relookage est un sujet d'actualité) et notez surtout comment s'habillent ceux qui réussissent.

38

Surinvestissez dans les hommes

♦

N'embauchez que les meilleurs. Attirez-les, motivez-les, formez-les, récompensez-les. Les sociétés qui économisent en ne recrutant que ceux qu'elles « peuvent s'offrir » courent à leur perte... si elles ne sont pas déjà en chemin. Mieux vaut employer une personne d'exception à 450 KF que deux individus ordinaires à 200 KF. Investissez aussi dans le domaine relationnel : accordez toute votre confiance aux battants, mais aussi de l'indépendance, des louanges, de la liberté, des encouragements...

Ce sont les hommes qui créent les événements. Les dirigeants d'entreprise le savent et ils ne l'oublient jamais. Sans son armée, un général n'est rien. Si les gens de votre entreprise vous soutiennent, vous font confiance, croient en vous et vous respectent, ils vous propulseront jusqu'au sommet. Mais ils donneront toujours en fonction de ce qu'ils reçoivent. Ils seront votre reflet : accordez-leur votre confiance, ils vous accorderont la leur ; respectez-les, ils vous respecteront.

Souvent, un cadre échoue parce que les salariés savent qu'il n'est ni sincère, ni honnête, ni courageux, ni digne de confiance. On peut admettre, chez un supérieur, une carence intellectuelle, physique, culturelle, voire morale, mais on ne lui pardonnera jamais un caractère faible ou inhumain.

Choisissez vos troupes selon trois critères.

1) L'intégrité. C'est la première des priorités.

2) La détermination. Une attitude volontaire est essentielle.

3) L'intelligence. Quelqu'un qui sait qu'il ne sait pas, ou qui sait qu'il devra travailler deux fois plus qu'un diplômé de grande école, est aussi intelligent.

Une fois la perle rare trouvée, investissez dans cette personne. Elle ne pourra l'ignorer et vous garantira un excellent retour sur investissement. Les gens ne sont pas stupides. Ils ne font pas des affaires pour perdre de l'argent, ni pour commettre des erreurs et se faire des ennemis. Tout ce qu'ils demandent, c'est que l'on croie un peu en eux.

39

Surpayez vos collaborateurs

♦

Chacun connaît sa valeur. Si quelqu'un estime devoir être payé 50 francs de l'heure et que vous le rémunérez 45 francs, votre économie vous reviendra cent fois plus cher en sabotage. Le salarié mal payé se sentira lésé et vous le rendra en travaillant le moins possible. Il trouvera un moyen, psychologique, pratique ou économique, de vous punir pour ce salaire inéquitable.

En revanche, si tout le monde s'accorde à penser que telle personne mérite 50 francs de l'heure, accordez-lui 60 francs. Votre gain en productivité sera bien supérieur à ces 10 francs supplémentaires, car le salarié bien payé aura à cœur de justifier la confiance placée en lui.

Les gestionnaires qui ne voient pas plus loin que le bout de leur nez ne comprennent pas cela. Ils ne pensent qu'à maîtriser les coûts et estiment que les employés « devraient déjà s'estimer heureux d'avoir un boulot ». Ils sont persuadés que les autres ne méritent pas leur salaire. Dans certains cas, c'est vrai, et à tous les niveaux de la hiérarchie. Il convient alors de se débarrasser de ces personnes qui privent de leurs revenus ceux qui travaillent vraiment. Un salaire non mérité pourrait être réparti entre de nombreux salariés méritants.

Réduire les frais de personnel et réaliser des économies simultanément est tâche impossible. Dans une entreprise, les hommes et les femmes sont un capital qui peut fournir un excellent retour sur investissement. Ces personnes vous permettent de gagner de l'argent. Si un placement en Bourse vous rapportait 20 %, réduiriez-vous le capital de départ ? Non, bien sûr. Vous l'augmenteriez.

A masse salariale égale, voire inférieure, mieux vaut s'entourer de collaborateurs peu nombreux mais exceptionnels, rapportant tous plus que ce qu'ils devraient, plutôt que de disposer d'un personnel trop nombreux.

40

Arrêtez tout, observez, écoutez

♦

Un président, ça réfléchit ! Ça ne répond pas du tac au tac. Le P-DG pense, examine, pèse le pour et le contre, calcule, sonde et écoute. Avant de dire ce qu'il ne faut pas dire, de prendre une décision à la hâte ou d'envoyer un courrier délicat, il s'arrête, observe et écoute, toujours deux fois plutôt qu'une.

Pour devenir P-DG, vous devez passer maître dans l'art du temps d'arrêt. Il est toujours difficile de savoir écouter, surtout lorsqu'on est doté d'un tempérament brillant, combatif et dynamique. Vous devez donc vous entraîner à tout percevoir « 5 sur 5 ». Écoutez entre les mots et, comme Sherlock Holmes, prêtez l'oreille au chien qui n'aboie pas. Écoutez ce que les regards, les mains, le visage de vos interlocuteurs vous disent. Soyez tout ouïe pour vos clients, vos fournisseurs, vos supérieurs, vos collègues, les clients des autres, vos vendeurs, vos concurrents… tout le monde.

Savoir écouter s'apprend ; il existe des exercices pratiques. Lorsque quelqu'un parle, arrêtez tout, observez la personne et écoutez-la. Ceux qui savent écouter sont souvent aussi ceux qui savent mener les conversations. C'est un signe de sagesse et d'intelligence.

Soyez à l'écoute et restez-y !

41

Soyez un fervent supporter de votre entreprise

♦

Si vous voulez présider aux destinées de votre société, vous devez vous engager totalement pour elle, pour ses produits et ses services. Il vous faut comprendre sa mission et y croire de toutes vos forces. Vous devez personnifier la culture de votre entreprise et y contribuer, publiquement, sans jamais fléchir et sans aucune réserve.

Vous devez, si possible, utiliser ses produits et les louer inlassablement à tous.

Ne rentrez pas dans une entreprise si vous ne pouvez pas vanter haut et fort les vertus de ses articles. Si vous n'êtes pas convaincu des bienfaits du tabac, des armes à feu, du champagne ou des yaourts, ne travaillez pas pour ces fabricants-là.

Si vous en avez la possibilité, achetez des actions de votre entreprise.

Dans la mesure du possible, n'achetez que les produits de votre groupe et recommandez-les avec enthousiasme à votre famille et à vos amis.

Faire preuve de cynisme envers son entreprise est le propre des *losers*, pas des P-DG.

42

Comblez les lacunes

♦

En affaires, dire : « Je pense », ou : « Je crois », ou : « C'est aussi mon opinion » signifie que l'on ne sait pas de quoi l'on parle. Repérez vos lacunes et celles de votre entreprise : elles forment ce que j'appelle un « vide informatif ».

Ne vous laissez pas induire en erreur par les belles paroles des brillants cerveaux de l'entreprise qui ne parlent qu'entre eux et ne quittent jamais le bureau. Dénichez les faits. Interrogez les utilisateurs, les clients.

Ceux qui réussissent sont toujours conscients qu'il est impossible de tout savoir, mais ils travaillent dur pour recueillir les informations décisives.

43

N'oubliez pas de faire vos devoirs

♦

La plupart des cadres ne travaillent pas vraiment dur. Ils se fabriquent une image d'hyperactifs en s'agitant de tous côtés. Ils lisent des rapports, assistent à des réunions, écrivent des notes de service à rallonge, remplissent des imprimés et, finalement, perdent leur temps. C'est le « syndrome du rocking-chair » : beaucoup de mouvement pour un déplacement nul.

Les vrais « bosseurs » fournissent le même nombre d'heures, mais plus intensivement. Ils abattent les tâches les plus difficiles. Ils font leurs devoirs, sont à l'affût des faits, trouvent le moyen de mieux faire avancer les choses. Ils s'attachent aux petits détails fondamentaux. Ils couvrent tous les points et envisagent toutes les options. Plus que tout, ils réfléchissent et ils fouillent en profondeur.

Le cadre « rocking-chair » prépare son examen en relisant dix fois les huit mêmes chapitres en sept heures. Dans le même temps, le cadre « bosseur » a décomposé les huit chapitres, en a synthétisé l'information et l'a mémorisée.

Réussir ses projets n'est pas forcément une partie de plaisir. Bien faire ses devoirs y contribue grandement.

44

Ne paniquez pas... Ne vous emportez jamais

♦

Coups de sang, attentisme, décisions trop rapides, accusations et actes de lâcheté sont autant de signes de panique. Les bons présidents ne s'affolent pas. Ils ne piquent pas de colères. Ils se maîtrisent pour pouvoir maîtriser la situation.

Dans l'élaboration d'un grand cru, l'une des phases cruciales est le pressurage. Lors de ces quelques semaines, on choisit le raisin à vendanger, on teste sa qualité, on le sélectionne ou on le rejette, puis on le pressure pour obtenir le jus qui deviendra du vin. A ce stade, la moindre erreur de méthode ou de jugement peut avoir un impact néfaste sur toute la production et, par conséquent, sur la réputation du vignoble, donc sur les prix pratiqués et les bénéfices à venir.

Il y a quelques années, le président d'une grande maison vinicole recevait un appel affolé de l'administration pendant le pressurage : le maître de chai venait d'annoncer sa démission. Le président comprit immédiatement les conséquences possibles de ce geste, mais il resta calme, puis, ayant réfléchi un moment, il demanda : « Il a démissionné... Mais qu'auriez-vous fait s'il était mort ? » Les cadres lui répondirent qu'ils en auraient nommé un autre à sa place. « Eh bien ! qu'attendez-vous ? Nommez-le ! », rétorqua le président. Le nouveau maître de chai tint son poste pendant quinze ans, dans la meilleure des traditions.

Lorsqu'un collègue vous fait une remarque désobligeante, ne lui répondez pas. Vous êtes au contraire autorisé à rire. Vos partisans seront aussi outrés que vous, tandis que vos détracteurs sentiront que vous maîtrisez la situation. Les autres verront que vous êtes bien au-dessus de ce genre de considération. Ne vous emportez pas. Même lorsque votre colère est justifiée, vous rebutez votre entourage.

Entraînez-vous à ne pas paniquer. Si vous avez dix secondes pour prendre une décision, prenez-en une pour vous dire : « Reste calme » et profitez des neuf autres pour réfléchir.

45

Apprenez à parler et à écrire

♦

Vous devez apprendre à communiquer et à vous exprimer. Le défaut de communication est la cause majeure des pertes d'argent et de temps dans une entreprise. Nous jetons des milliards par la fenêtre de la publicité. Nous gaspillons des millions d'heures de travail à ne pas faire ce qu'il faut. Chaque année, des myriades de pages finissent à la poubelle sans avoir été lues. Et – cruelle ironie – nous passons un temps infini à communiquer... sur le manque de communication.

Dans l'entreprise, la communication doit être précise, exhaustive et entièrement compréhensible. Qu'elle soit écrite ou orale, elle doit aller droit au but, surtout concernant les directives de travail. Les déclarations longues, ennuyeuses, enrobées et jargonneuses ne sont que gaspillage.

Si vos instructions sont mal interprétées, elles seront mal suivies. Consacrez le temps qu'il faut à établir une compréhension mutuelle totale sur les tâches à effectuer. Bien communiquer demande un travail intense. Il faut être sensible et ouvert à son audience ou à ses lecteurs. Il faut comprendre leurs besoins, leur état d'esprit, leur disponibilité, leurs priorités, leur façon d'assimiler l'information, leur niveau d'éducation.

Pour communiquer clairement, appliquez ces quelques règles :

– assurez-vous que la lettre ou la note de service que vous vous proposez de rédiger est bien nécessaire ;

– fixez un objectif précis ;

– choisissez le mode le plus simple ;

– ayez connaissance de toutes les données ;

– griffonnez un « infogramme[1] » ;

– planifiez le message avec rigueur ;

– écrivez votre « brouillon zéro[2] » ;

– rédigez votre premier jet ;

– corrigez jusqu'à obtenir un texte d'une page ;

1. Un infogramme est une liste écrite de tous les points, idées et faits à intégrer dans votre courrier. Jetez les mots au hasard sur le papier, sans priorité, sans organiser vos idées.

2. Le brouillon zéro est votre toute première tentative ; il sera toujours réécrit et condensé.

– utilisez des mots que tous pourront comprendre ;

– une règle d'or : trois heures de réflexion pour une heure d'écriture.

46

Traitez chacun individuellement

♦

Les gens sont plus que de simples gens. Ce sont des personnes à part entière, des mères, des pères, des entraîneurs sportifs, des bénévoles... Ils peuvent faire beaucoup s'ils savent que leur travail est apprécié, mais ils feront encore plus s'ils ressentent

une vraie motivation et si vous leur témoignez de la reconnaissance.

Les bons dirigeants font en sorte que chacun ait l'impression :

- d'être consulté, et non interrogé ;
- d'être surpayé, et non sous-payé ;
- d'être évalué, et non surveillé ;
- d'être un être humain, et non une ressource humaine ;
- d'être motivé à travailler, et non forcé ;
- d'être un acteur, et non un accessoire ;
- d'être une aide, et non un poste de dépenses ;
- d'être utile, et non utilisé ;
- d'être précieux et apprécié.

47

Faites crédit, n'empruntez pas

♦

Accordez à chacun 100 % de crédit pour le travail qu'il effectue. Si cinq personnes sont sous vos ordres et reçoivent chacune 100 %, vous obtiendrez 500 % en retour. C'est un peu comme pour une maison : 100 % pour les fondations, 100 % pour la superbe toiture, 100 % pour l'électricité... L'entrepreneur général se voit crédité de la somme de ces lots.

Peu de dirigeants comprennent cela. Ils pensent que des collaborateurs trop brillants risquent de leur voler la vedette. Ils estiment qu'ils ont droit à une part du crédit qui revient aux autres. Alors, ils empruntent en douce. Ils racontent à leur supérieur, aux autres dirigeants, à leurs collègues, voire à celui qui a effectué le travail, que c'est à eux que revient tout le mérite.

Les emprunteurs sont des êtres mal à l'aise et malhonnêtes. Ils sont connus de tous. Même les plus astucieux finissent par être découverts, d'abord par ceux qui travaillent pour eux, puis par le reste de l'entreprise.

Accordez aux autres le crédit qu'ils méritent : vous serez considéré comme un « générateur de crédit », quelqu'un qui fait avancer les choses, pour qui l'on a envie de travailler. Vos collaborateurs se surpasseront parce qu'ils savent que leurs efforts seront appréciés à leur juste valeur.

48

Accordez des primes surprises

♦

Lorsqu'un de vos collaborateurs a accompli quelque chose de remarquable, surtout si cela sort de ses compétences ou de ses fonctions habituelles, accordez-lui un bonus. (Ne comptez pas sur le plan de rémunération pour vous y autoriser : comme toutes les politiques d'entreprise, celle des rémunérations est conçue pour étouffer l'innovation dans l'œuf.)

Ne publiez pas les critères d'attribution des primes. Ne faites même pas savoir qu'il existe un système de primes. Le bouche-à-oreille suffira. Faites varier toutes les composantes. Accordez des montants différents à diverses dates. Tous vos collaborateurs sauront que, s'ils effectuent un travail exceptionnel, quelque chose peut sortir de votre chapeau. Chacun redoublera d'effort pour accroître ses chances d'assister à ce tour de magie...

49

Soyez poli, sachez dire merci

♦

Les affaires et la politesse font bon ménage. Respectez les bonnes manières en toute occasion, et avec tout le monde. Restez courtois. Ne vous comportez pas en petit chef. Ne vous attribuez pas les galons de votre supérieur. Ne fumez pas dans le bureau ou la voiture des autres, ni lors des réunions ou des repas. Ne jurez pas, ne parlez pas vulgairement. Ne posez vos pieds ni sur le bureau ni sur les chaises. Ne placez pas votre serviette sur la table de votre vis-à-vis. Traitez votre bureau, le bureau des autres, les voitures des commerciaux et tous les biens de la société avec le même soin que s'ils étaient les vôtres.

Soyez à l'heure à vos rendez-vous. Ne laissez pas les commerciaux et les visiteurs patienter dans le couloir. Ne laissez personne attendre au téléphone. Soyez respectueux du temps des autres : ne le gaspillez pas. Ne faites pas perdre de temps à vos subordonnés.

Présentez-vous, vous-même et votre conjoint(e), de manière claire et sans hâte. Présentez toujours vos subordonnés aux supérieurs de votre entreprise.

Dites toujours « s'il vous plaît » et « merci ».

50

Dix choses à dire pour que les gens se sentent bien

♦

Ceux qui se sentent bien dans leur peau et dans leur boulot vous aideront à un haut niveau. Qu'ils travaillent pour, avec ou près de vous, ils vous propulseront devant eux. Un petit mot gentil les encouragera dans ce sens. Mais vous devez être sincère. Entraînez-vous à dire les paroles suivantes et ne les oubliez jamais.

1. « S'il vous plaît. »
2. « Merci. » (Un bon manager a toujours au moins vingt occasions par jour de dire merci.)
3. « Vous vous souvenez sans doute de Gilles Kessler, du service clients. » (Pour présenter quelqu'un à un supérieur.)
4. « Vous avez fait un excellent boulot. »
5. « J'apprécie l'effort que vous avez fourni. »
6. « Je n'entends dire que du bien de vous. »
7. « Je suis ravi de vous avoir dans l'équipe. »
8. « J'ai besoin de votre aide. »
9. « Vous avez bien mérité cela. »
10. « Bravo, toutes mes félicitations. »

51

Foin des honneurs, la gloire viendra plus tard

♦

La gloire et les honneurs, ce sont entre autres les remises de diplômes, les promotions, les trophées, les lauriers, les titres de « vendeur de l'année » ou la carte d'adhésion au club des dirigeants. Plus pragmatiquement, ce sont les gros sous et les bureaux en ville, et toutes les marques extérieures de réussite professionnelle.

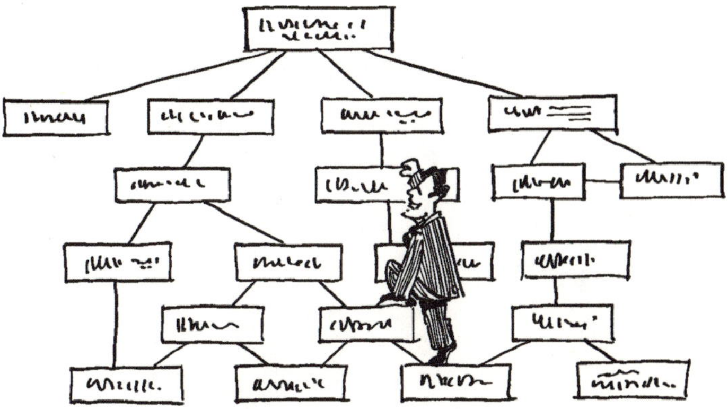

En aval, cela signifie enfin la dure besogne quotidienne, insoupçonnée, le travail de fourmi effectué en coulisses, que beaucoup ne voient pas, ne font pas, ne savent pas apprécier. Et pourtant, c'est cela qui compte, cela qui est à l'origine de la gloire. Les paillettes masquent trop souvent les servitudes, le travail matinal, les week-ends en déplacement, les vérifications et revérifications, les essais, les erreurs, les progressions millimétriques, les heures dépensées sans compter.

Si vous rechignez à effectuer ces corvées, la Gloire passera sans vous voir.

52

Cherchez, ajustez, essayez

♦

Le coût d'un échec est tel que la plupart des sociétés de plus de mille salariés évitent de se risquer dans l'innovation. On a pu estimer à 97 % la part des employés, toutes entreprises confondues, qui sont effrayés par le changement et l'invention. Pourtant, les nouvelles idées et les nouveaux produits font les nouveaux clients. Ils sont la source de vie et de vitalité des entreprises.

La capacité à créer de nouveaux produits n'est pas une qualité comme les autres. Difficile à gérer, elle est presque toujours à contre-courant de la culture d'entreprise. Mais être novateur est un don rare, très recherché par les conseils d'administration.

Peu de découvertes atteignent leur perfection du premier coup. Les best-sellers et les pièces à succès sont rarement les premiers écrits de leurs auteurs. La mise au point d'un produit tient du labyrinthe ; c'est un parcours semé d'embûches, de fausses routes et de voies sans issue. Avant d'être exploitables, les idées ont besoin de jaillir, de s'épanouir, de s'adapter.

Prenez soin des bonnes idées. Inutile de miser gros dès le départ. Recherchez le feedback. Jouez avec le concept. Ajustez-le pour mieux satisfaire les besoins du public ciblé. Essayez ceci ou cela, mais essayez. C'est capital. Ne vous perdez pas en bavardages, en réunions ou en mémos. Agissez : réalisez un projet publicitaire, construisez un prototype, adaptez-le, testez-le encore. Si l'idée est mauvaise, vous le saurez rapidement et vous n'aurez qu'à laisser tomber. Si elle est bonne, présentez-la à l'entreprise. Vous êtes tout à fait capable de gérer les risques et l'accroissement des investissements.

53

Hâtez-vous lentement

♦

Le manager agressif, sûr de lui, qui tranche plus vite que son ombre et prend décision sur décision est un mythe. Cette façon d'être n'est requise que lorsqu'il est nécessaire de faire machine arrière pour changer de cap sans graves conséquences ou pour éviter un « écueil » dans un délai limité – par exemple, lorsque l'usine est en feu. Dans tous les autres cas, en affaires, mieux vaut se hâter lentement, selon la formule de Boileau. Car comme disent les Italiens : *Chi va piano, va sano* [1]. Ce que Racine a traduit par : « Qui veut voyager loin ménage sa monture[2]. »

Il existe deux sortes de décisions : les unes révocables, les autres irrévocables. Savoir les distinguer est une marque de perspicacité. Les premières peuvent être stoppées assez tôt sans

1. « Qui va doucement, va sûrement. »
2. *Les Plaideurs*, I, 1.

porter à conséquence ; en cas d'erreur, on a toujours le temps et la possibilité de rectifier. En revanche, prenez une décision irrévocable, mais mauvaise, et l'entreprise devra en subir les effets des années durant.

Apprenez à distinguer le modifiable du définitif. Voici quelques exemples typiques de décisions réversibles :

– aménagements de bureaux ;
– plannings publicitaires ;
– tarifs ;
– reports de décisions ;
– politiques d'entreprise ;
– choix de la compagnie d'assurance ;
– services de télécommunication.

En revanche, les décisions suivantes sont souvent définitives :

– noms de marque ;
– acquisitions ;
– recrutement de cadres ;
– constructions ou choix des locaux ;
– choix de systèmes informatiques.

54

Ne jetez pas les bonnes recettes

♦

Si vous détenez un produit qui « marche » bien, aussi banal, vieux, reconnu, approuvé et éprouvé soit-il, faites tourner les turbines. Réussir ne consiste pas toujours à résoudre un grand problème, à développer un produit révolutionnaire, à changer de fond en comble un service bancal. L'entreprise a pour objectif financier de fournir aux actionnaires un retour sur investissement appréciable. Pour cela, il convient simplement de comprendre et de satisfaire de manière rentable les besoins des clients. S'ils apprécient votre recette, ne changez rien : ni l'étiquette, ni les ingrédients, ni le nom, ni le prix.

Walt Disney et ses héritiers l'ont bien compris. Mickey Mouse est apparu sur les écrans voici plus de soixante-dix ans. Comprenant l'attrait phénoménal du personnage qu'il avait créé, Disney a investi massivement pour en faire la mascotte des États-Unis. Aujourd'hui, la célèbre souris à culotte rouge joue les vedettes dans des livres, des films, des parcs d'attraction, et fait vendre de tout, figurines, vêtements, lunettes... Mickey est et demeure la star de l'empire Disney. Et l'on pourrait multiplier les exemples d'entreprises qui ne se lassent pas de répéter, depuis des décennies, les slogans qui ont fait leur réputation.

On ne change pas la recette du succès. Au contraire, on la conserve jalousement.

55

Braquez le projecteur sur la bonne idée, pas sur son auteur

♦

Soyez toujours à l'affût des bonnes idées, d'où qu'elles viennent. N'ayez aucun a priori quant à leurs auteurs. Retenez celles de vos clients, de vos enfants, de vos concurrents, des autres secteurs, du chauffeur de taxi, pourvu qu'elles soient bonnes. Peu importe qui les a eues ; ce qui compte est de les mettre en œuvre.

Beaucoup de dirigeants ne sont pas conscients de cela.

Les créatifs sont des actifs. Ils reconnaissent une bonne idée au premier coup d'œil et apportent leur touche personnelle dans son application quotidienne.

Ils ne s'exclament pas : « Qui a eu la bonne idée de... ? » Ils ne rabaissent ni les idées des autres, ni ceux qui les suggèrent. Ils ont mieux à faire.

Les vrais créateurs ont compris qu'ils n'ont qu'un cerveau, aussi fécond soit-il. En écoutant les idées des autres, ils accroissent leurs chances d'en trouver de bonnes. Qu'ils prêtent l'oreille à une centaine de personnes, et ils multiplient leurs possibilités de création par cent.

56

Restez en dehors des conflits d'influence

♦

Beaucoup de cadres pensent que la route qui mène au sommet doit être jonchée des cadavres de leurs collègues. Ils complotent pour les compromettre ou les détrôner. Les plus expéditifs jouent du revolver, les plus malins, de leur plume. Tous ont une tendance à la flatterie. Ils se jettent tantôt à vos pieds, tantôt à votre gorge. Facilement repérables, ils ne survivent que dans les entreprises médiocres.

Les conflits d'influence sont souvent la marque d'un supérieur trop faible et d'un système de rémunération obscur ou inéquitable. Le fief est vraisemblablement en danger. Au lieu de lutter contre la concurrence ou de partir en croisade pour conquérir de nouveaux clients, les cadres se querellent, essaient de s'attirer les faveurs de la hiérarchie et gaspillent leur temps.

Ne perdez pas le vôtre en luttes intestines. Consacrez-vous à la créativité et à l'action. Votre arsenal, ce sont vos faits d'armes. Dans les bonnes entreprises, votre participation sera appréciée.

Soyez le dernier au courant des rivalités qui enveniment l'entreprise. Ne vous laissez pas happer dans ces embrouilles de basse politique. Refusez d'entendre quiconque vous fait une confidence commençant par : « Ne le répète à personne, mais... » Ne lui demandez aucune précision, ne lui répondez pas, n'acquiescez pas. Ne dites jamais du mal de personne. Ne cancanez pas. Dites simplement : « Je ne sais pas. »

Travaillez plutôt.

57

Ayez l'air et soyez impeccable

♦

Un brin d'orgueil ne fait de mal à personne. Soignez votre image et votre séduction. Soyez impeccable. Ne négligez pas votre coupe de cheveux. Évitez les vêtements trop voyants, trop mode ou de qualité médiocre. Vous devez avoir le teint frais et respirer la bonne santé, pas avoir l'air d'un déterré !

Ne paraissez pas maladif. Gardez un esprit sain dans un corps sain. Prenez des vitamines. Faites de l'exercice et surveillez votre assiette. Sachez détecter le mauvais stress et trouvez le moyen de vous détendre, de faire retomber la pression. Faites un check-up médical chaque année.

Souriez franchement. Lavez-vous les dents et surveillez votre haleine. Confiez votre denture à un spécialiste. Ayez toujours les cheveux, les mains et les ongles propres. Éliminez les pellicules et évitez les eaux de toilette trop puissantes.

Cirez régulièrement vos chaussures. Mettez une fleur à votre boutonnière si le cœur vous en dit, et du tonus dans votre démarche.

Soyez d'attaque, et souriez.

58

Imitez, étudiez et choyez les bons patrons

♦

On peut compter sur les doigts de la main les rares professeurs inoubliables dont on a reçu l'enseignement durant toute sa scolarité. Il en va de même des conseillers et des directeurs dans les affaires. Les patrons d'exception ne courent pas les entreprises. On en rencontre beaucoup d'agréables. Quelques-uns sont des catastrophes ambulantes. Mais le bon chef est rare.

Il instruit sans sermonner. Il félicite à bon escient. Il fixe des objectifs raisonnables et passionnants. Il est honnête, laisse mûrir les personnalités sans les contraindre par des jugements abrupts, des critiques publiques ou une bureaucratie d'entreprise trop lourde. Certains sont des « originaux », ils ont peut-être des lubies, font montre de quelque intransigeance, mais ils ont l'expérience, l'ouverture et la finesse d'esprit qu'il faut. Ce sont des bosseurs.

Recherchez le contact de ces personnes dès le début de votre carrière. Travaillez pour eux, observez-les de près. Voyez comme ils abordent la critique et les problèmes, comme ils gèrent les rapports humains, comme ils font avancer le travail.

Retenez leurs façons de faire.

59

Ne dépassez pas les budgets

♦

Accomplissez votre travail sans dépasser ni les délais ni les budgets. Les grands directeurs accordent de l'avancement à ceux qui leur fournissent ce que l'on attend d'eux. Les entreprises vivent constamment sous la pression de la réduction des dépenses, or les dépassements de budget ne font qu'augmenter cette pression. Ils sont toujours cause de problèmes.

Ne gérez pas votre budget comme certains ministères ou États. Même à petite échelle, il

est essentiel de respecter les chiffres fixés. Le manager doit choisir, planifier et chiffrer clairement et minutieusement ses objectifs.

Les budgets serrés stimulent l'ingéniosité. Considérez-les comme des défis : trouver une manière novatrice et économique de faire avancer les choses. L'amélioration bénéficiera à toute l'entreprise et vous serez apprécié à votre juste valeur.

60

Ne sous-estimez jamais un adversaire

♦

Vos adversaires, ce sont vos concurrents, des cadres rivaux ou des commissions d'achat. Il y en a de toutes sortes : hommes ou femmes, gros ou maigres, vieux, jeunes, asociaux ou charismatiques. Ils s'expriment bien ou mal, traînent les pieds ou courent sans s'arrêter. Ne vous fiez ni aux apparences, ni aux réputations. Ne soyez ni trop confiant ni trop content de vous. Ne supposez rien.

Ne méjugez pas l'intelligence, le dynamisme et les compétences de vos adversaires. Ne sous-estimez jamais leur aptitude à faire le bien ou le mal, ni même leur double jeu, leur malhonnêteté, leur ruse... Vous risqueriez de tomber de haut.

Au contraire, si vous les surestimez, vous aurez peut-être de bonnes surprises.

61

Faites taire les mauvaises langues

♦

Tout au long de votre carrière, les mauvaises langues constitueront l'un des principaux obstacles à surmonter. Elles fleurissent souvent dans les entreprises minées par les conflits d'influence, mais elles peuvent sévir partout. Votre supérieur en est peut-être une. Elles sont toujours malhonnêtes, ambitieuses, fourbes et assassines. Elles visent particulièrement les employés prometteurs, s'attaquent à tous les adversaires potentiels. Les cadres montants sont pour elles des victimes faciles car ils prennent plus de risques et commettent plus d'erreurs.

La mauvaise langue comprend d'instinct cet aphorisme de Mark Twain : « La vérité a la vie dure, mais un mensonge bien raconté est immortel. »

Minces consolations : la mauvaise langue ne reste pas longtemps anonyme pour qui sait observer ; d'autre part, elle s'attaque à n'importe qui, sans discrimination. Ce sont ses deux talons d'Achille.

Si, au cours d'une conversation avec un collègue, celui-ci vient (comme de juste) à vous parler d'une mauvaise langue et vous rapporte un propos désagréable à votre endroit, dites simplement : « Ça ne m'étonne pas, M. Untel n'épargne personne. » Votre collègue supposera avoir été lui-même la victime d'Untel. D'une simple phrase, vous venez de « clouer le bec » à une mauvaise langue et à son porte-voix.

62

Refusez d'adhérer au club des « éternels regrets »

♦

Ceux qui appartiennent au club des « éternels regrets » répètent sans cesse : « J'aurais dû faire ceci », « J'aurais dû faire cela », ou encore : « A votre place, j'aurais fait comme ci, ou comme ça. »

Ce club est plein d'attentistes qui ont une aversion profonde pour le risque. Ils ne tentent jamais rien. Ils redoutent tellement d'échouer qu'ils n'envisagent jamais de gagner.

Au club des « éternels regrets », on s'ennuie ferme. Pas de petits ni de gros bobos. Pas de penalties ratés d'un cheveu ni de buts marqués après le coup de sifflet, pas de reproches, pas de vagues, mais pas un seul champion non plus.

Adhérez plutôt au club des « optimistes persévérants ». C'est le cercle des vainqueurs. Pour un but manqué aujourd'hui, vous en marquerez dix demain. Le résultat prouvera que vous avez bien fait.

Qui ne risque rien n'a rien.

63

L'idée peut être imparfaite, pas la réalisation

♦

Si vous attendez indéfiniment le moment idéal, le produit parfait, les conditions optimales, vous n'entreprendrez jamais rien. Les plus grandes sociétés, les meilleurs produits sont moins imparfaits aujourd'hui qu'à leurs débuts. Tout s'améliore.

Si votre idée satisfait mieux les besoins, si c'est une bonne idée, lancez-la, quel que soit son degré de perfection. N'attendez pas qu'elle soit meilleure. Ne laissez pas le mieux devenir l'ennemi du bien.

Mettez le concept en application et présentez-le en prenant méticuleusement soin des détails. Ne laissez rien de côté. Sortez le produit au moment prévu. Assurez-vous que tout le reste – établissement des prix, publicité, etc. – est fait correctement. Quelle que soit l'idée – nouveau produit, nouveau processus de fabrication, mise en place d'un complexe immobilier –, c'est la qualité de sa réalisation qui fera la différence entre échec et réussite.

64

Collectionnez vos erreurs avec soin et fierté

♦

Les erreurs sont des repères. Elles jalonnent votre avancée dans une nouvelle direction, vos actions dans un domaine inconnu. Ce sont de véritables outils de formation. Notez-les dans une section de votre carnet à idées (voir loi n° 9). Décrivez exactement ce qui n'a pas fonctionné, les circonstances où vous avez mal réagi, les raisons qui ont tout fait rater. Qu'est-ce qui vous a poussé à dire ce qu'il ne fallait pas dire ? Avez-vous cédé à la colère ? à la paresse ? Avez-vous agi sans réfléchir ? rapporté des commérages ? Vous êtes-vous vanté ? Avez-vous négligé l'un de vos devoirs ? ignoré un détail qui paraissait mineur ? Soyez votre propre critique.

Quelle que soit la cause profonde de votre erreur, enregistrez-la. Vous ne la commettrez probablement plus jamais. Notez ce que vous avez appris et la façon dont vous géreriez la même situation à l'avenir.

Reconnaître ses erreurs est une garantie, un signe de confiance en soi. Cela prouve votre volonté d'essayer des pistes nouvelles et de prendre certains risques. Les erreurs sont les soupapes de sécurité des vrais gagnants.

Avez-vous lu les mémoires de certains champions ? Leurs erreurs en constituent souvent la partie la plus instructive. N'est-ce pas Ernest Renan qui disait : « Quand on a le droit de se tromper impunément, on est toujours sûr de réussir » ?

65

Vivez l'instant présent. Planifiez demain, oubliez hier

♦

Le passé est le passé. Vous ne le ressusciterez jamais. Ne remâchez pas vos souvenirs, n'encensez pas vos expériences anciennes. Laissez les morts enterrer les morts et occupez-vous du présent : rien n'est plus important que le jour d'aujourd'hui. Il sera tout ce que vous voulez qu'il soit.

Planifiez demain, et demain sera une excellente journée.

66

Riez, prenez du bon temps

♦

Les affaires sont suffisamment difficiles pour que vous vous priviez d'y prendre du plaisir. Si votre travail ne vous en laisse pas le loisir, changez d'emploi, ou bien trouvez un moyen de prendre du bon temps.

Si vous parvenez à rendre moins pénible, plus plaisante la tâche de vos collègues, ils travailleront plus dur, seront plus créatifs et se sentiront plus heureux dans leur carrière et dans leur vie. Une entreprise où l'on sue sang et eau, où la tension le dispute à la raison, est aussi stressante qu'inefficace.

Le cadre qui, doué du sens de l'humour, allège le fardeau psychologique de ses collaborateurs, sera récompensé par une équipe motivée et de bonne humeur.

L'humour est une marque d'intelligence. Par conséquent, c'est une qualité recherchée chez les P-DG.

67

Votre famille est votre client n° 1

♦

Rien de plus facile que de laisser votre carrière monopoliser votre temps et votre énergie. Plus vous vous consacrerez à l'action, plus vous trouverez de raisons d'agir. Pourtant, reléguer de force votre conjoint(e) et vos enfants au second rang est une grave erreur.

Rien n'est plus précieux que le soutien de votre famille. Elle vous aidera dans votre carrière. Vous avez besoin d'un conjoint enthousiaste qui comprenne la nécessité de certains sacrifices.

Votre famille doit être l'alliée de vos projets d'avenir. Ne la bannissez pas de votre agenda. Prévoyez le plus grand nombre possible d'activités sportives et de séances de cinéma en famille. Fixez les dates de vos vacances. Quittez le travail assez tôt lorsque vous devez emmener les enfants au cirque ou votre épouse à dîner. Intégrez vos activités familiales à votre liste d'actions « à faire ». Attribuez-leur un degré de priorité élevé. La qualité du temps que vous consacrez à votre famille vous récompensera mille fois.

Lorsque votre conjoint ou vos enfants vous parlent, regardez-les et écoutez-les ; posez votre journal ou votre livre, coupez le son de la télé et prêtez-leur toute votre attention. Vos relations en seront renforcées. Cela vous permettra aussi de vous exercer à l'écoute. Enfin, c'est une simple question de politesse.

Réagissez avec votre famille comme vous réagiriez au travail ou avec un client de premier ordre.

68

Pas de but, pas de médaille

♦

Dans les sports collectifs, pour gagner, il faut marquer. Et pour marquer, il faut produire un effort. Or, qui ne marque pas n'a ni médaille, ni lauriers. Il en va de même dans les affaires comme dans la vie courante.

Définissez vous-même vos objectifs. Tous les ouvrages de management insistent sur ce point : se fixer des objectifs est la première étape pour parvenir à maîtriser son temps. Ces objectifs donneront forme à un plan d'action, canaliseront l'énergie et feront converger toutes les ressources.

Consignez-les dans votre carnet à idées (voir loi n° 9). Vous devriez avoir au moins deux types d'objectifs : les uns pour votre carrière, les autres pour votre vie privée. Ils doivent s'étaler sur des périodes de vingt-cinq, dix, cinq et un ans. Ces derniers doivent être répartis en douze étapes d'un mois, elles-mêmes échelonnées en semaines.

Rédigez une liste d'actions « à faire » en une année, un mois, une semaine, une journée. Sur cette liste, inscrivez ce que vous devez faire pour marquer vos buts. Sur la liste quotidienne, inscrivez quelques actions qui vous rapprocheront un peu plus de vos objectifs à long terme. Vous ne les perdrez ainsi jamais de vue.

Si vous n'avez pas d'objectifs, vous ne marquerez jamais aucun but.

69

N'oubliez jamais les conjoints de vos subordonnés

♦

Dans une carrière, il faut donner beaucoup de soi. Mais votre réussite dépend aussi des membres de votre équipe et de leur contribution. Plus le fardeau du travail est facile à porter, plus vos coéquipiers le porteront loin. Dans cette tâche, les conjoint(e)s peuvent être le meilleur soutien ou le pire ennemi. Ils (ou elles) peuvent comprendre et soutenir ; ils peuvent aussi grogner et récriminer. Ils peuvent faire en sorte qu'il soit facile pour vos collègues d'accepter quelques heures supplémentaires ou des déplacements fréquents. Mais ils peuvent aussi saboter tous les efforts de l'équipe.

Les conjoints sont des alliés potentiels de l'entreprise ; ils sont aussi ses plus farouches ennemis en puissance.

Cela semble couler de source. Pourtant, les sociétés oublient ou ignorent parfois totalement les conjoints.

N'oubliez jamais les proches de vos collaborateurs. Dès que vous en avez l'occasion, remerciez-les personnellement pour leur soutien. Lorsque vos représentants assistent au congrès annuel des commerciaux, envoyez des fleurs à leur épouse. Si vous êtes en déplacement et que votre hôte veut vous inviter à dîner au restaurant, ou s'y sent obligé, veillez à ce que son conjoint soit invité.

Organisez un week-end pour deux en récompense d'un travail bien fait.

Pensez aux conjoint(e)s et chacun sera un petit peu plus heureux.

70

Regardez le travail avec des yeux de commercial

♦

En affaires, rien n'est joué tant que le marché n'est pas conclu. Cela ressemble à une lapalissade, mais elle est bonne à rappeler. Les comptables n'auront rien à compter, les fabricants rien à fabriquer et les gestionnaires rien à gérer... tant que le vendeur n'aura pas vendu quelque chose. Peu de produits se vendent d'eux-mêmes. La plupart du temps, il faut les y aider. Quelqu'un doit prendre une commande, mettre l'article à l'étalage, amener le client à dépenser de l'argent. La vente est la clé de l'entreprise.

Quelle que soit votre fonction dans la maison, quels que soient le produit, le service, la société, regardez votre travail avec les yeux d'un commercial. Le commercial est face à face avec le client, il le travaille au corps, analyse ses esquives, encaisse ses refus.

Passez du temps sur le terrain. Vendez si vous le pouvez. Voyagez avec des commerciaux. Passez des appels. Assistez aux réunions de vendeurs. Dirigez les sessions de formation. Apprenez ce qui se passe dans cette sphère-là. Vous aurez ainsi vos entrées parmi les vendeurs, qui forment toujours une section puissante de l'entreprise. Cela aiguisera vos éperons face aux cadres commerciaux qui forment également un groupe puissant. Vous saurez ce qui motive ou démotive les vendeurs. Vous connaîtrez les clients, et cette compréhension sera la source d'un pouvoir considérable.

Travaillez à la base et la base travaillera pour vous.

71

Soyez un super-vendeur

♦

Vous devez apprendre à être un excellent vendeur. Que vous souhaitiez emporter l'accord de vos collaborateurs pour venir travailler un samedi, celui de votre chef pour votre dernier plan d'attaque ou le projet phare de l'entreprise, il faut faire rentrer les commandes. Il existe des milliers de livres sur la vente. Lisez-en quelques-uns. Vous devez devenir ce commercial endurci qui accroche les clients et décroche les commandes.

Pour être un vendeur qui vend, vous n'avez pas besoin d'avoir une personnalité exceptionnelle ni une langue bien pendue. Il vous suffit de respecter ces quelques lignes directrices :

1. Définissez les besoins de votre clientèle.
2. Voyez comment votre « produit » peut répondre à ces besoins.
3. Forgez-vous une attitude de perspicacité et de ténacité inébranlables.

4. Passez des appels commerciaux.
5. Réclamez le bon de commande.
6. Soyez prêt à passer autant d'appels de nature commerciale qu'il le faut pour décrocher une commande.

Les vendeurs tenaces et perspicaces savent que les chiffres jouent en leur faveur. Ils savent qu'une vente sur quatre est réalisée grâce à un simple bon de commande. Ils savent que les trois autres ne sont conclues qu'après le quatrième appel au moins. Ils savent que 90 % des vendeurs ne réclament jamais le bon de commande. Ils savent que la plupart des discussions commerciales sont de simples conversations, du spectacle, et non de la vente pure. Ils savent par conséquent que, face à un vendeur vraiment tenace et perspicace, les rares concurrents s'effacent. Ils connaissent la formule de la réussite : toujours plus d'appels, pour toujours plus de commandes.

De la perspicacité et de la ténacité, les bons vendeurs en ont à revendre !

72

Ne cherchez pas à bâtir un empire

♦

Beaucoup de cadres dirigeants pensent que disposer du plus gros budget ou du plus important bataillon est le moyen le plus sûr d'arriver au sommet. En réalité, l'entreprise a surtout besoin d'hommes capables de réaliser le plus de travail avec les moyens les plus réduits : moins de personnel, moins de frais.

Ne vous plaignez jamais que l'on vous demande d'en faire plus que ne le permet votre budget. Ne soyez pas ce chef de guerre qui veut sans cesse recruter et étoffer encore ses troupes. Ne présentez pas le manque de ressources comme une excuse.

Oubliez l'empire. L'avancement et la puissance vont à ceux qui produisent, pas à ceux qui administrent les masses.

73

Mettez l'accent sur les produits, pas sur le papier

♦

Les entreprises modernes se trouvent confrontées à un terrible dilemme. Elles doivent rationaliser leurs procédures et décapiter l'« hydre de la bureaucratie[1] ». Elles ont besoin d'innovations, de prises de risque calculées, d'esprits entreprenants. Elles ont besoin de dépenser toutes leurs ressources (financières, temporelles, immobilières et humaines) pour le marché. Cependant, elles dérivent sans arrêt vers la paperasserie et l'administratif. Elles ont peur de l'esprit d'aventure nécessaire à leur développement. Elles ne savent pas gérer les fortes personnalités, celles qui créent les affaires.

La plupart des dirigeants ont du mal à s'adapter au style informel des hommes à idées,

---

1. Laquelle est cause de l'augmentation incessante de la paperasserie dans les sociétés : règlements, formulaires inutiles, aides extérieures, politiques rétrogrades, etc.

des vrais hommes d'entreprise, qui se méfient des principes établis et de la paperasserie.

Les grands groupes exigent des rapports mensuels, des notes de frais détaillées, des évaluations du personnel sur formulaires, un journal des appels téléphoniques, des rapports trimestriels, des rapports annuels, des business-plans d'une centaine de pages, des plans d'urgence et des centaines d'autres documents qui accaparent le temps et l'énergie des uns et des autres, mais ne font pas résonner le tiroir-caisse.

Ne vous laissez pas piéger par la paperasserie. Refusez les menottes de papier que vous impose votre groupe. Les rapports mensuels sont inutiles. Longs et ennuyeux, ils sont périmés avant même d'être publiés et constituent par excellence des épreuves de dissertation créative sur un passé révolu. N'en rédigez aucun. Si le groupe insiste, confiez-en la rédaction aux membres de votre service. A tous les membres. Chacun doit pouvoir écrire ce qu'il veut.

N'encouragez pas le rédacteur à copier sur quelqu'un (économie des temps de lecture et de copie). Ne perdez pas votre temps à les lire. De même, inutile de rédiger des comptes rendus qui rabâchent le contenu d'une réunion à laquelle tout le monde vient d'assister, des rapports de voyage avec des fiches de dépenses sophistiquées, des justificatifs de travail ou tout autre document qui ne contribue pas directement à la progression de votre société.

74

Enseigner, c'est à la fois étudier et diriger

♦

Soyez toujours partant si l'on vous donne l'occasion d'exercer une mission de formation au sein de l'entreprise. Quel que soit votre métier, vous contribuez au progrès de votre firme en expliquant ce que vous faites (et en montrant ce que fait votre service), pourquoi et comment vous le faites et quelles sont les responsabilités liées à ce travail. Que vous soyez dans la finance ou dans les relations humaines, enseignez aux vendeurs récemment recrutés les principes de votre domaine d'action. Si vous êtes responsable de publicité ou spécialiste des études de marché, apprenez aux salariés de la production les petites astuces des pubs télé ou de la rédaction des questionnaires de sondage.

Enseigner vous apprendra à préparer vos interventions, à organiser, synthétiser et éprouver vos idées. Vous devrez faire des recherches et vous soumettre à une discipline intellectuelle, tâches indispensables qui vous aideront à maîtriser votre sujet et à accroître vos connaissances.

Bien préparée, votre intervention contribuera à asseoir votre réputation de spécialiste dans l'entreprise. Vous vous familiariserez également avec de nombreuses personnes d'autres secteurs de la société et vous renforcerez votre cercle d'influence.

Enseigner améliorera votre capacité à décrire l'importance critique de votre fonction. Votre public finira par penser que vous êtes un personnage clé de l'entreprise.

75

Ne vous laissez pas décourager par les tueurs d'idées

♦

Les entreprises regorgent de « tueurs d'idées ». On en trouve de toutes sortes et à tous les postes. Ils disposent, pour accomplir leur basse besogne, de tout un arsenal de phrases assassines : « On a déjà essayé ça », « La direction ne te suivra jamais », « On n'a pas les moyens », et une centaine d'autres remarques qui dénotent leur aversion pour le risque. L'une de leurs préférées est l'insupportable et terriblement efficace : « Ça ne marchera jamais. » Ces affirmations sont d'autant plus désagréables qu'elles proviennent souvent de personnes haut placées, expérimentées et ayant de l'ancienneté dans le métier. Les plus jeunes, qui ignorent encore que leur idée n'a aucune chance d'être réalisée, s'en trouvent frustrés.

En ce qui les concerne, ces oiseaux de mauvais augure ont depuis longtemps troqué la divination pour l'immobilisme. Ils disent : « Ne changeons rien » et vénèrent le statu quo.

Pendant la grande crise pétrolière des années 70, la plupart des constructeurs automobiles, par souci de réduire la consommation des véhicules, demandèrent à leurs ingénieurs d'alléger les voitures. Les plus anciens, pétrifiés dans leurs vieilles pratiques, rétorquèrent que cela relevait de l'impossible, invoquèrent les coûts et les problèmes de sécurité. Les constructeurs recrutèrent de jeunes ingénieurs en début de carrière. Grâce à eux, les voitures perdirent quelques centaines de kilos superflus.

N'abandonnez jamais. Ne cédez en rien. Ce sont les « hommes à idées » qui assurent le succès des entreprises. Les bâtisseurs progressent jusqu'au sommet. Ne laissez pas les tueurs d'idées vous réduire à la médiocrité. Osez imposer vos idées. Réalisez-les avec enthousiasme. Luttez contre l'inertie de votre société. Un début de réussite vous vaudra de nouveaux défenseurs. Ils viendront des quatre coins de l'entreprise.

Tirez parti des attaques des tueurs ; elles seront votre moteur. Considérez leur pessimisme comme une incitation à travailler plus. Concentrez vos efforts sur les éléments indispensables au triomphe de votre idée.

Le mot de la fin

Merci d'avoir lu ce livre.

Maintenant, ouvrez-le de nouveau au hasard et faites ce qui est écrit.

Vous aurez avancé d'un pas sur le chemin qui mène au sommet.

Table

FOX

L'auteur

Jeffrey J. Fox a fondé aux États-Unis la Fox & Co., une société de conseil en marketing qui travaille avec une soixantaine d'entreprises dans différents secteurs. Avant de créer son entreprise, Jeffrey J. Fox était directeur général marketing, puis vice-président de la Loctite Corporation. Il a également occupé les fonctions de directeur du marketing de la division Vins de Pillsbury, ainsi que divers postes de responsable marketing au sein de la firme Heublein, dont celui de directeur des nouveaux produits.

Jeffrey J. Fox s'est vu décerner plusieurs prix par de grands magazines ou organismes américains dans le secteur de la publicité. Formé à la Harvard Business School, il a fait l'objet dans ce même institut d'une étude de cas, qui est considérée comme l'une des cent meilleures au monde. Il est régulièrement cité par de grands quotidiens et hebdomadaires américains et siège au conseil d'administration du Trinity College d'Hartford. Il vit actuellement dans le Connecticut.

♦

Si vous avez des commentaires, des idées, des notes à apporter ou si vous avez des exemples de mises en application positives, envoyez-les à l'adresse suivante : J. J. Fox, c/o HYPERION, 114 Fifth Avenue, New York, New York 10011, USA, ou par e-mail à l'adresse suivante : info@foxandcompany.com.

Vous pouvez également consulter le site de Jeffrey J. Fox : www.foxandcompany.com.

Cet ouvrage composé
par Atlant' Communication
à Sainte-Cécile (Vendée)
Impression réalisée sur CAMERON par

BRODARD & TAUPIN

GROUPE CPI

La Flèche
en février 2005
pour le compte des Éditions de l'Archipel
département éditorial
de la S.A.R.L. Écriture-Communication

Imprimé en France
N° d'édition : 374 – N° d'impression : 28712
Dépôt légal : février 2005